MÉMOIRE

SUR

L'ALGÉRIE

DÉDIÉ

AUX CHAMBRES, A LA SOCIÉTÉ MARITIME DE PARIS,

Et à la Flotte,

PAR LE COLONEL D'ARTILLERIE **PRÉAUX-LOCRÉ**,

Officier de la Légion-d'Honneur,

EX-COMMANDANT DU RÉGIMENT ET DE L'ÉCOLE DU CORPS ROYAL D'ARTILLERIE
DE LA MARINE.

AU PROFIT DE LA POLOGNE.

Prix : 30 Centimes.

SE VEND :

CHEZ GARNIER FRÈRES, LIBRAIRES,

Palais-Royal, galerie du Théâtre-Français.

MARS 1846.

2931   .Imprimerie et lithographie de Maulde et Renou, rue Bailleul, 9 et 11.

AVANT-PROPOS.

A la suite de la publication que nous avons faite dans le bulletin de la Société maritime de Paris*, nous nous sommes engagé envers cette honorable société qui prend un intérêt si vif à la marine, et à tout ce qui intéresse l'honneur du pays, à examiner avec l'impartialité dont nous avons déjà fait preuve sur cette question, la situation créée par les nouveaux actes législatifs et par les campagnes infructueuses du maréchal gouverneur, dont les résultats n'ont abouti qu'à nous créer de nouveaux ennemis dans la Kabylie, qui jusqu'à présent était restée neutre, et commençait à se mêler à la domination française par l'intermédiaire de l'administration civile.

Mais, partageant entièrement les opinions émises par *Le Siècle*, dans son article ALGÉRIE (du 11 mars 1846), nous pensons, plus que jamais, que le moment opportun est arrivé de mettre un terme à l'espèce d'anarchie qui règne dans la colonie, où les efforts d'une sage administration viennent se briser contre la dictature du maréchal gouverneur-général!

Il appartient aux chambres, qui se prononceront bientôt sur les crédits extraordinaires de l'Algérie, de fixer par une loi la haute direction à donner à cette colonie, si onéreuse au budget de la métropole, et qui devrait être depuis plusieurs années un allégement pour nos finances, et rendre à la France sa liberté d'action, dont elle a tant besoin dans les circonstances présentes.

Nous pensons donc fermement « que le seul moyen de faire « rentrer l'Algérie dans les voies de la hiérarchie constitution-

---

* Deuxième volume, deuxième cahier, 1845, *Sur l'Algérie et la formation de colonies militaires.*

« nelle, de rendre à cette administration l'unité et la généralité
« des vues, qualités qui lui manquent essentiellement aujour-
« d'hui, est la transformation complète de son administration
« actuelle, en la plaçant dans les attributions du *ministère de
« la marine* (direction des colonies). Ce ministère seul ayant la
« force morale et tous les moyens d'action (personnel et maté-
« riel), pour régulariser et consolider en même temps le gou-
« vernement central de cette colonie, et en opérer la prompte
« pacification par le commerce et l'industrie. »

C'est par les ports du littoral qu'on vaincra la répugnance des
indigènes, et non par la soumission de la Kabylie. Les intérêts
commerciaux et maritimes seront nos plus puissants auxiliaires.

Voila le seul *ministère spécial*, duquel peut ressortir l'administration et la colonisation de l'Algérie, et dont il peut être
question dans la commission des crédits supplémentaires.

Toute autre *création de nouveau ministère serait une anomalie
administrative*, et les chambres, parcimonieuses de l'emploi
du budget de l'État, se garderaient bien de voter un tel sur-
croît de dépenses *.

LE COLONEL D'ARTILLERIE MEMBRE DE LA SOCIÉTÉ
MARITIME,

PRÉAUX-LOCRE.

* Un grand pas vient d'être fait dans cette pensée par la décision ré-
cente concertée entre MM. les ministres de la guerre et de la marine, par
la nomination d'*une commission mixte*, appelée à examiner divers projets
d'ordonnances sur nos possessions du nord de l'Afrique, entre autres *pour
l'établissement de ports d'attache sur le littoral de l'Algérie.* Donc, on reconnaît
déjà *l'influence* de la marine sur la prospérité de notre belle colonie. Nous
espérons que M. le contre-amiral Legoarant de Tromelin, président, officier général si brave et si expérimenté, qui connaît parfaitement le pays et
ses besoins, fera partager à ses collaborateurs, éclairés et animés du désir
d'avancer la colonisation, ses opinions sur la mesure que je soumets aussi
à l'appréciation de M. l'amiral baron Mackau. Nous espérons aussi que
M. le ministre de la marine, membre de la Société Maritime, voudra bien
seconder de toute sa bonne volonté, pour le bien de la marine, une proposition faite sous le patronage d'une société animée d'un esprit si favorable
à tout ce qui intéresse la gloire et la prospérité de la marine.

DE L'ALGÉRIE

DE SA COLONISATION ET DES DIFFÉRENTS MODES PROPOSÉS POUR Y PARVENIR.

———

1846.

La question de la plus prompte colonisation de l'Algérie a été traitée et étudiée à fond par bien des publicistes, depuis quinze ans que nous en avons fait la conquête : les chambres y ont apporté le tribut de leurs lumières dans chaque session parlementaire, et particulièrement lors de la discussion du budget 1845-46 *.

* L'état de la question d'Alger a été traité avec une profonde lucidité et des sentiments pleins de patriotisme par M. Gustave de Baumont, député de la Sarthe, en réponse à la brochure de M. le maréchal Bugeaud (1844), intitulé *l'Algérie*. M. le lieutenant général de Lamoricière a aussi émis de saines idées sur la colonisation (dans le *Moniteur algérien*) pour soutenir le système de *colonisation civile*, et l'admission, comme élément *de grands capitaux*, appliqués à de grandes *concessions*, quoiqu'il y ait une grande divergence d'opinions entre les deux gouverneurs généraux, titulaire et intérimaire. On pourrait dire, après avoir lu cette intéressante polémique : *Vide cui fidas,*

M. le maréchal, ministre de la guerre, président du conseil, à la sollicitude et aux nobles et libérales intentions duquel la France saura toujours rendre une éclatante justice, s'est aussi vivement préoccupé de cet important sujet ; la direction des affaires de l'Algérie, dont les efforts sont constamment tournés vers les améliorations, a élaboré plusieurs ordonnances pour l'organisation intérieure du pays, sa circonscription territoriale, ses juridictions.

Enfin, M. le maréchal duc d'Isly, gouverneur général, a exposé au ministre de la guerre son *projet* d'organisation de colonies militaires, qui viendrait compléter les mesures protectrices que renferme l'ordonnance du 15 avril 1845, ordonnance qu'un commencement d'exécution ne permet pas encore d'apprécier dans ses effets, tant préconisés d'avance. — Tels sont les *faits* et la situation actuelle ; nous en prenons *acte* en 1846.

Nous ferons abstraction de la révolte des tribus de la province d'Oran, et de la nouvelle levée de boucliers d'Abd-el-Kader, de Bou-Maza et des défections qui ont eu lieu ; nous passons même sous silence les actes d'indépendance et les excentricités de M. le maréchal Bugeaud.

Comme sa bravoure, sa connaissance des localités et des mœurs du pays doit bientôt faire tout rentrer dans l'ordre, nous traiterons la question comme avant, prenant la colonie dans son état normal.

L'ordonnance maintient le *gouvernement militaire* tout en organisant l'*administration civile* ; c'est une anomalie, qui a été signalée dans divers articles empreints d'une grande force de raisonnement et d'une modération qui porte le cachet de la conviction ! (Consulter l'*Algérie* et le *Siècle*, et d'autres journaux de toutes les nuances politiques.)

Des officiers généraux les plus distingués — (MM. le lieutenant général de Lamoricière, gouverneur général intérimaire, le lieutenant général Changarnier, qui a servi long-temps en Algérie, avec distinction), des administrateurs, M. le directeur de l'intérieur (comte

Guyot), et le directeur des finances (M. Blondel), ont également si
gnalé au gouvernement les meilleurs moyens de coloniser et d'admi-
nistrer notre conquête; on peut s'en rapporter à leur expérience,
comme à leur patriotisme et à leurs lumières !... Mais aucun d'eux
n'a mentionné *le moyen que je vais indiquer*, je ne l'attribue point à
l'égoïsme, ni à *l'esprit d'arme* ou *de robe*, leurs idées sont trop éle-
vées pour les avoir tenus dans cette sphère si étroite, s'ils eussent
pensé que ce mode pût réaliser leurs vues pour la prospérité de la
colonie et pour en assurer la défense et la possession à jamais par la
France, ils l'auraient indiqué; mais ils auront ici l'occasion d'immis-
ser la question. Tel est le but de cet article, dont la commission maritime, créée à Alger, pourra aussi profiter.) — qui entendent bien
les besoins du pays, et qui le connaissent à fond, différent d'opinion
avec les propositions du maréchal gouverneur général, et avec les projets du ministère lui-même !! Il en résulte une sorte d'anarchie administrative qui ne fait qu'apporter des entraves à la marche régulière d'un
système de colonisation, qui devrait être arrêté irrévocablement. En ef-
fet, c'est un spectacle pénible pour la France, et encore plus pénible pour
les colons, dont les intérêts peuvent se trouver gravement compromis
par tant d'hésitation. Elles encouragent en même temps les espé-
rances des ennemis de notre conquête, auxquels la moindre fausse
mesure crée une perspective qui répond à leurs vœux de reprise de
possession !! Hélas ! l'émir Abd-el-Kader n'est devenu si redoutable
pour la tranquillité de ce beau pays que par nos fautes, et le traité de
la Tafna surtout. Elles ont été glorieusement réparées, sachons maintenant en profiter. Il serait donc temps de trancher la question, nous
l'examinerons dans toutes ses phases et ses variations.

Deux systèmes sont en ce moment en présence :

1° *Le gouvernement militaire* et les *colonies militaires*, au moyen
de *concessions gratuites* et d'encouragements accordés à tous ceux
qui voudront tenter l'essai de culture, et émigrer dans la colonie
toute française;

2° La colonisation par *l'administration civile*, qui absorberait en elle-même tous les pouvoirs, et réduirait *l'autorité militaire* à n'être plus que *l'auxiliaire du pouvoir civil*, pour exécuter ses ordres et assurer la garde et la défense du pays en protégeant tous les intérêts; comme dans l'organisation départementale de la métropole.

Quoique nous partagions l'opinion que ce mode offrirait plus de chance de succès, nous venons, fort de notre conscience et de hautes approbations, en proposer *un troisième*, qui nous paraît *plus ration-nel*, et qui cependant se confond, s'identifie avec *l'administration civile*, et lui prête un salutaire appui : c'est la colonisation *par la marine...*

« Point de colonies sans marine, et réciproquement, » dit un célèbre économiste.

C'est un principe qu'on trouvera entre tous ses développements dans un ouvrage qui a paru en 1832, sous le titre *Réflexions sur la colonisation d'Alger* (*Journal des Sciences militaires, des armées de terre et de mer*, Corréard jeune, éditeur, rue de Tournon, 1831 et 32), par le colonel Préaux, de l'artillerie de la marine royale, employé dans la première expédition, et dont un extrait du chapitre 3 a été déposé dans le précieux recueil des *Annales maritimes et coloniales* (2ᵉ semestre, 1831). Cette opinion a eu sa controverse, mais le principe *est demeuré*, et a été tellement reconnu, que M. le baron Mounier, dont l'opinion en matière administrative était d'un si grand poids, faisait la proposition à la chambre des pairs, dans la session de 1832, de « déclarer l'Algérie et son territoire *colonie française*, « *et de la placer sous l'administration de la marine à compter de* « *1833.* »

En même temps un autre organe éloquent, dont les vues généreuses et éclairées se consacrent entièrement à la prospérité du pays et à tout ce qui peut contribuer à sa grandeur (M. le marquis Gaëtan de la Rochefoucault-Liancourt, député du Cher), développait la proposition d'un projet de loi, pour le même objet, à la chambre des députés, 1832-33.

Nous le rapportons textuellement *.

C'est ce projet que nous faisions revivre *en 1845*, et auquel les journaux donnèrent, dans leurs commentaires, un assentiment unanime en le recommandant à l'attention *d'une* commission supérieure et spéciale, qui s'occupait alors de la *recherche du système d'administration qu'il conviendrait d'appliquer aux domaines de l'ex-régence d'Alger* **.

Eh bien! ce qui paraissait *rationnel* et une *mesure de grande convenance en 1832*, ne peut-il être appliqué encore avec plus de succès à l'époque actuelle, où la pacification est presque opérée, où notre domination est assurée, et lorsque l'administration civile va reprendre tous ses droits, que l'autorité militaire avait pour ainsi dire annulés, paralysés, méconnus dans sa suprématie et l'enivrement de la victoire ?...

Oui, nous le répétons avec une intime conviction, la *colonisation par la marine* est la seule qui convienne à l'Algérie française; la marine, sous notre illustre chef (M. l'amiral Duperré), a été le principal agent de la conquête, en 1830, elle finira sa tâche, si la guerre et les autres ministères veulent sincèrement l'aider.

Les chambres, animées d'un esprit de sympathie pour notre colonie algérienne, mettront, nous n'en doutons pas, le gouvernement en demeure de se prononcer sur cette haute question; car c'est là le

---

* Comme une commission est instituée actuellement à Alger pour examiner les questions relatives à la marine dans les possessions françaises du nord de l'Afrique, et prononcer sur des questions fort importantes pour la colonie, principalement sous les rapports suivants : 1o l'accroissement du commerce maritime, et pour obtenir au besoin des marins pour le service des bâtiments de l'État; 2o la création de villages *maritimes*; 5o la défense *des côtes, des rades* et *des ports* : la marine ne pouvant se protéger efficacement que par elle-même, et par ses propres moyens...

** Voir à la fin du mémoire.

système le *plus certain* pour réparer les *fautes, ou au moins les erreurs* du passé, et rendre utiles les sacrifices énormes que cette possession impose à la France depuis quinze ans !...

Qu'on se rappelle que le trésor du dey n'a rapporté d'indemnité à ;France que 48,402,244 fr., portés en recette au budget de l'exercice 1830 (*page* 162), et que depuis on y a englouti des sommes énormes, dont le chiffre disparaît sous toutes formes, de crédits ordinaires, supplémentaires, budget local, etc.

Le principe moteur d'une colonisation est la *marine :* sans ce puissant levier, ce serait un mécanisme sans force, dont le principal rouage serait en désaccord avec les lois du mouvement ; il y aurait bientôt perturbation, et la machine ne tarderait pas à s'arrêter.

De là naissent les divergences d'opinions, et la colonie ne prospère que lentement.

Il n'est pas nécessaire pour cette nouvelle combinaison que le gouverneur général ait un rang *militaire* ou grade d'assimilation : il n'aurait besoin ni d'être maréchal de France, ni *amiral*, pourvu qu'il soit administrateur et possède la confiance des colons.

L'opinion publique désigne au choix du Roi S. A. R. Mgr. le prince de Joinville, doué de tant de capacités, et qui connaît les besoins d'une colonie à laquelle il s'est identifié par la gloire, à l'exemple de ses augustes frères, dont la bravoure lui aura ouvert cette voie d'utiliser ses connaissances administratives.

Si l'Algérie était érigée en *vice-royauté* sous sa direction, tous les autres systèmes céderaient la place à celui de colonisation par la marine, il n'existerait plus de ces froissements d'amour-propre, de ces projets sitôt remplacés que conçus, de ces opinions si variables qui retardent le but proposé, retard dont les intérêts coloniaux ont tant à souffrir. Plusieurs villes de l'Algérie n'ont-elles pas déjà demandé *l'annexion* à la France, afin d'être régies par les lois communes ; il y a donc *malaise* et *souffrance* d'intérêts matériels dans l'ordre actuel ?

Dans le cas où S. A. R. Mgr le prince de Joinville, vice-amiral, déclinerait cette importante mission, nous observerons que les meilleurs ministres de la marine ont été MM. le baron Hyde de Neuville, le baron Portal, le comte d'Argout et le baron Charles Dupin ! que les gouverneurs de colonies qui se sont montrés les plus expérimentés, les *plus habiles* ont été M. Jubelin (maintenant sous-secrétaire d'État), et feu le général Donzelot. Qu'enfin, malgré le mérite de tous nos amiraux, aucun n'a égalé la haute et bienfaisante administration du comte Cafarelli, dans le premier port de France où il n'était qu'administrateur.

Que d'éléments *l'administration* civile aurait pour le choix d'un gouverneur général capable de coloniser par la marine parmi les hommes d'élite qu'elle possède !

Tous les services actuels resteraient les mêmes en Algérie : chaque ministère interviendrait directement dans le service qui ressort de son département, ainsi que cela a lieu dans l'organisation actuelle de nos colonies; la marine serait le *centre commun* des relations entre les divers services, comme elle l'est par le fait de sa spécialité pour l'embarquement des troupes, des munitions, et des divers agents des ministères, car la *marine* n'est-elle pas le pivot sur lequel roulent toutes les communications coloniales ?

En cas d'échecs, qu'on ne peut prévoir, mais contre lesquels il est toujours sage de se prémunir (comme le général victorieux s'assure le fruit de la victoire par toutes les précautions de retraite), à qui les colons auraient-ils recours? à la marine ! on peut affirmer que c'est là leur espérance, *leur ancre de salut*.

Pour compléter et fortifier ma pensée, j'emprunterai quelques expressions de M. le marquis de La Rochefoucault-Liancourt, dans les développements de sa proposition de loi à la chambre de 1832; il appuyait ainsi l'article 1er :

« Il ne suffit pas d'occuper le pays, il s'agit de le coloniser : et on
« ne le peut qu'à l'aide de service *zélé*, *habile*, et de tous les jours du
« *ministère de la marine.*

« Il est donc *utile*, je dirai même *indispensable*, que tous les soins,
« tous les secours nécessaires à la colonisation, soient ordonnés par
« la même autorité qui en a l'administration ; car, que résultera-t-il
« d'un autre état de choses, c'est que l'un portera les colons,
« l'autre les laissera sans secours et sans emploi ; ou l'un préparera de
« l'emploi aux colons engagés, en cherchant à les attirer, l'autre n'en
« amènera point.

« De sorte que ces deux autorités rivales s'accuseront mutuelle-
« ment de la non réussite. »

Il prouvait qu'on ne peut espérer la prospérité de la colonie que
lorsqu'on aurait *réuni les pouvoirs* de créer, d'alimenter et de con-
server.

A cet égard, le ministère de la marine a son personnel colonial tout
organisé, ses erremnents d'administration sont établis sur de larges
bases, et perfectionnés par une longue expérience (la marine) ; elle
a des hommes d'une capacité consommée à la tête de ses services !...

A Dieu ne plaise, qu'en émettant mon opinion sur le personnel
d'un *département* où je m'honore d'avoir servi pendant quarante-cinq
ans, je veuille rabaisser le mérite des chefs et employés de la guerre,
et que je cherche, par une comparaison, à affaiblir leur mérite et la
confiance dont ils sont si dignes.

Loin de moi cette pensée d'ingratitude ; car j'ai souvent été l'objet
d'une bienveillance toute particulière de la part de M. le maréchal duc
de Dalmatie, de la direction de l'Algérie, et de ses laborieux et mé-
ritants chefs.

Ce n'est donc point une question de personnes que je traite, mais
un principe de légitimité dans l'administration. On ne peut plus long-
temps frustrer *la marine* de son *droit* sur la colonisation de l'*Algérie* ;
elle doit cesser d'être *auxiliaire* dans l'œuvre entreprise et reprendre
la haute-main, comme si elle avait encore à bord de ses vaisseaux la
première et belle armée qu'elle débarqua le 13 juin 1830 pour en
faire la conquête !!

J'admets que si les chefs de la direction de l'Algérie étaient transplantés au ministère de la marine pour faire partie de la *direction des colonies* en conservant leur spécialité, leurs services, leurs projets, leurs travaux consciencieux et leur coopération si active à la colonisation de l'Algérie, à laquelle ils consacrent tous leurs soins, seraient cent fois plus profitables à ses *progrès,* que toutes les mesures isolées qui seront adoptées hors de ce principe, en persistant dans la funeste *voie d'attribution du département de la guerre dans laquelle on est resté depuis seize ans.*

CONCLUSION.

A travers de toutes les opinions divergentes, de tous les systèmes proposés, et dont les essais arrêtent la marche régulière de la colonisation de l'Algérie par l'administration civile, j'offre dans cette nouvelle proposition un moyen de *rapprochement*, *une sorte de fusion* de tous les systèmes ébauchés jusqu'à ce jour, et dont aucun n'a fourni un résultat qui dédommage la France de tant de sacrifices : « *c'est la colonisation civile*, par le concours de la marine. » Mes sympathies pour l'Algérie, mon amour pour mon pays, mon expérience sur l'influence du département de la marine dans une pareille occurence, me donnent la conviction qu'elle réussirait en peu de temps à la grande satisfaction des colons et à celle de la *France.*

J'invoque ici en terminant l'opinion de M. le baron Charles Dupin, pair de France, homme d'État si compétent pour juger et éclairer les grandes questions ; je place mon écrit sous l'égide de ses lumières et de ses vœux constants pour le bien public et pour le progrès. Il s'exprimait ainsi dans un article inséré au *Moniteur* du 19 septembre 1832 (reproduit dans les *Annales maritimes et coloniales*, tome 2, page 200, même année) :

« Le projet de faire rentrer la nouvelle colonie d'Alger, sous la « juridiction de la marine, mérite l'attention des lecteurs et l'examen « de l'autorité, etc.

J'invoque aussi les opinions émises à la chambre par M. le marquis Gaëtan de La Rochefoucault, et celles du baron *Mounier*, qui eurent l'un et l'autre un si grand retentissement dans les deux chambres, tellement que, sans l'opposition de M. l'amiral de Rigny, alors ministre de la marine, cette juste transposition d'attribution aurait eu lieu.

Nous espérons que cette mesure n'est que différée, sans cela, je le dis avec conviction, la colonisation n'aura jamais lieu, et il faudrait dès à présent y renoncer.

C'est pour provoquer cet examen sérieux que je livre cette proposition à la publicité dans les colonnes du journal *La Flotte*, j'entrerai avec confiance dans la cause que je défends, dans toute la polémique sur la colonisation de l'Algérie par la *marine*, elle ne pourra qu'éclairer la question et tourner à l'avantage des colons.

Mon but alors sera rempli, car *ma plume est vouée* depuis longtemps aux intérêts de la colonie, comme elle l'est aux institutions de mon pays et à la marine que j'ai servie de *toutes les forces* de mon intelligence depuis quarante-cinq ans; c'est la seule arme dont je puisse faire usage *maintenant*, mon épée ayant été brisée prématurément par la retraite, mais elle ne fera jamais défaut sur l'importante question de l'*Algérie*.

Le colonel d'artillerie de la marine, ex-commandant du régiment d'artillerie et de l'école de l'arme à Lorient, officier de la Légion d'Honneur, chevalier de l'ordre militaire de S.-Louis, membre de la société orientale, de la société maritime de Paris, de celle de statistique de Marseille, et de plusieurs sociétés scientifiques, auteur d'un ouvrage sur l'Algérie; etc.

PRÉAUX-LOCRÉ.

Février 1846.

PROJET DE LOI.

ARTICLE 1er.

Les villes d'Alger, Bone, Oran, Constantine et leurs territoires sont déclarées colonie française, placée sous l'administration du ministère de la marine.

ART. 2.

La Charte de 1830 y sera proclamée et mise en vigueur ainsi que les lois françaises ; mais il pourra y être dérogé par des lois particulières, conformément à l'art. 64 de la Charte.

ART. 3.

Tout étranger, propriétaire à Alger depuis cinq ans, deviendra citoyen français, s'il est dans les cas prévus par l'art. 3 de la loi constitutionnelle de 1791, et l'ordonnance du 4 juin 1814 ne lui sera pas applicable.

ART. 4.

L'esclavage est aboli à Alger ; tout esclave qui mettra le pied sur la colonie française sera libre. Il n'y aura jamais d'extradition pour désertion ni pour crime politique.

ART. 5.

La colonie d'Alger aura deux députés à la chambre. Ils seront élus dans le courant de l'année 1833, suivant les dispositions de la loi du 19 avril 1831.

ART. 6.

Les musulmans et les israélites conserveront leur juridiction naturelle, et le tribunal civil, composé d'un président et de deux juges français, s'adjoindra, ainsi que l'avait prescrit l'arrêté du 9 septembre 1830, deux juges musulmans et deux juges israélites, pour juger les causes entre Européens et Maures et Juifs. Les priviléges du corps consulaire sont abolis. Il sera institué à Alger une cour royale aussitôt qu'il sera possible ; en attendant, les appels seront portés à celle d'Aix.

ART. 7.

Les immeubles appartenant à l'Etat dans cette colonie seront remis à l'administration des domaines. Une loi et un tarif de douanes devront être proposés pour Alger à la prochaine session, et le mode actuel de fixation des droits ne pourra pas continuer au delà du 1er janvier 1834. Les droits d'octroi, établis par l'arrêté du 17 septembre 1830, devront être soumis à l'approbation du conseil municipal. Il ne pourra jamais être établi d'embargo dans le port d'Alger.

ART. 8.

Un conseil colonial, nommé par le roi, aura les attributions des conseils généraux de département, sauf les modifications que les lois particulières pourront ordonner.

ART. 9.

Toutes dispositions contraires à la présente loi sont anulées.

Le marquis de LA ROCHEFOUCAULT-LIANCOURT,

(Député du Cher).

Imprimerie et lith. de MAULDE et RENOU, rue Bailleul, 9-11.